ARRESTS
DU CONSEIL D'ESTAT
DU ROY,
ET DU GRAND CONSEIL;

CONCERNANS LA JURISDICTION des Officiers du Chastelet, & en particulier du Lieutenant Criminel de Robbe-Courte.

A PARIS,

De l'Imprimerie de JEAN BAPTISTE COIGNARD,
Imprimeur & Libraire ordinaire du Roy, ruë S. Jacques,
à la Bible d'or.

MDCCV.

ARRESTS DU CONSEIL D'ESTAT

*du Roy & du Grand Conseil, concernans la Ju-
risdiction des Officiers du Chastelet, & en particulier du Lieutenant Criminel de Robbe Courte.*

Extrait des Registres du Conseil d'Estat Privé du Roy.

S U R la Requeste présentée au Roy en son
Conseil par Henry Bachelier, Escuyer,
Seigneur du Moncel, Lieutenant Criminel de Robbe Courte au Chastelet de Paris.
Contenant qu'il est forcé de se pourvoir
contre l'Arrest du Grand Conseil, du 31. Mars 1705.
rendu dans l'affaire du sieur de Berzieux par trois motifs
differens. Le premier, parce que cet Arrest casse une Competence dans un cas d'alteration de Monnoye, & d'exposition ; & ainsi sa Jurisdiction est injustement de-
poüillée de la connoissance d'un crime que l'Ordonnance luy attribuë. Le second, parce que cet Arrest annulle les procedures qu'il a faites avant & aprés le jugement de Competence, & luy enleve jusques à ses Minuttes, pour estre portées dans un autre Greffe, & n'y
servir que de memoire. Ainsi le suppliant est attaqué

A ij

dans son exactitude aux fonctions de sa charge, sur laquelle il n'a jamais souffert aucun reproche ; & contre toutes les regles, son Greffe est dépoüillé des Minuttes d'une instruction qu'il a faite, qui y devoit rester quand elle seroit nulle , ce qui n'est pas : Et le troisiéme , parce que cet Arrest a fait plusieurs Reglemens qui imposent à sa charge des servitudes contraires à l'Ordonnance, aux usages autorisez du Chastelet, & préjudiciables à la necessité & à l'utilité publique. C'est sa jurisdiction, son honneur, & les fonctions de sa charge que le suppliant est obligé de deffendre en cette occasion. Il ne luy faut pas moins que ces trois motifs pour troubler le sieur de Berzieux dans ce bienfait apparent qu'il a receu de cet Arrest ; telle est l'idée generale de l'affaire, le fond en est tres-simple : le sieur de Berzieux est accusé d'alteration de Monnoye, & d'exposition de cette Monnoye alterée, il convient de l'un & de l'autre, & pour sa deffense il dit que ce n'est qu'une épreuve d'une operation chimique qu'il a faite par maniere d'amusement, sans avoir jamais songé à en faire aucun profit. La Religion des Juges prononcera s'il est permis ou non, de se joüer sur des matieres sacrées : Mais si leger que ce cas puisse estre consideré, il n'en est pas moins prevostal, dés qu'il porte le nom de Monnoye alterée ; & l'accusé n'en est pas plus coupable pour devoir estre jugé en dernier ressort, il n'en joüit que plustost de son innocence & de sa liberté. Aprés ces observations , il est necessaire de rapporter les circonstances du fait, & de la procedure, pour montrer que le suppliant n'a fait que ce qu'il devoit faire, qu'il est en effet le veritable Juge, & que l'Arrest du Grand Conseil ne peut se soustenir. Le 12. Janvier 1705.

5

Loüise Bion, dite Defbordes, achepta fur le Pont-neuf
une écharpe de taffetas de la nommée Poullerain, le
marché en fut fait à quatre écus neufs de la derniére
reforme, qu'elle donna : on s'apperceut fur le champ
que ces quatre écus eftoient difformes, alterez & noir-
cis ; Loüife Defbordes offrit d'en donner quatre autres,
elle les donna, & on y reconnut la mefme difformité,
cela fit du bruit fur le Pont-neuf, amaffa quantité de
gens, & à la clameur publique Loüife Defbordes fut
arreftée par un Archer du fuppliant, on la mena par
devant luy, comme Juge du cas, fuivant l'article 12.
du titre premier, de l'Ordonnance de 1670. L'alteration & l'expofition eftoient manifeftes ; il l'interrogea:
par fon interrogatoire elle dit que ces huit écus luy
avoient efté donnez par le fieur de Berzieux premier
Capitaine du Regiment de Fimarcon, & que mefme
depuis peu de jours le fieur de Berzieux avoit donné
treize écus de la mefme qualité à un Marchand fur le
Petit-pont en fa préfence, pour payement d'étoffe a-
cheptée pour elle ; ce fait parut grave, elle fut conduite en prifon au petit Chaftelet, de l'ordonnance du
fuppliant. Au mefme temps Baftard, l'un de fes Lieutenants qui la conduifoit, eut ordre de fe faire indiquer
par elle le Marchand fur le Petit-pont dont elle avoit
parlé, elle l'indiqua à Baftard, qui fceut de ce Marchand nommé Buriau de la Gueriniere que ce fait eftoit
veritable, & luy fit voir les treize écus qu'il avoit con-
fervez, Baftard en rendit compte au fuppliant, & par
fon ordre au fieur Procureur de Sa Majefté au Chaftelet : il trouva l'affaire importante ; il fut d'avis d'arref-
ter le fieur de Berzieux. Le fuppliant ordonna verbale-
ment qu'il feroit arrefté ; cela fut executé avant que le

A iij

sieur de Berzieux eust pû sçavoir ce qu'estoit devenuë Loüise Desbordes, & qu'il eust pû détourner les choses servant à sa conviction ; on le prit à onze heures du soir dans une chambre garnie, il estoit en robbe de chambre, on le conduisit au Fort-l'Evesque, & son écroüe luy fut signifié. Bastard ne fit point d'inventaire de ce qu'il avoit sur luy, parce qu'il estoit deshabillé, mais pour la conservation des effets & des preuves, il apposa son scellé sur une armoire qui appartenoit au sieur de Berzieux, cela valoit bien un inventaire ; & comme on trouva sous le chevet du lit une culotte où il y avoit beaucoup d'or dans une bourse, & avec cet or trois écus alterez, & de la mesme qualité que les autres, le scellé fut levé sur le champ pour la mettre dans l'armoire, & aussi-tost il fut réaposé. Le mesme jour & au mesme instant, Collas valet du sieur de Berzieux fut aussi arresté de l'ordonnance du suppliant, parce qu'il pouvoit avoir connoissance du crime ; il fut interrogé, on trouva parmi ses hardes un écu altéré & difforme comme les huit autres, & il convint en avoir exposé deux autres de la mesme qualité, que son Maistre les luy avoit donnez. Le lendemain treiziéme, le sieur Procureur du Roy donna ses conclusions sur les procés-verbaux de capture, & le suppliant ordonna qu'il seroit informé des faits y contenus ; que les prisonniers seroient arrestez & recommandez, les scellez levez, & les pieces servant à conviction, s'il s'en trouvoit, appor-tées au Greffe. Le mesme jour les scellez furent levez par le suppliant en presence du sieur Procureur du Roy, reconnus par Bastard qui les avoit apposez, & le sieur de Berzieux fut amené de sa prison pour y estre present, on trouva sous le scellé tout l'or & tout l'argent mon-

noyé appartenant au sieur de Berzieux : Entre ces especes il ne s'en trouva point de difformes ni d'alterées,
& le sieur de Berzieux ne se plaignit pas qu'on en eust
détourné aucune : On y trouva environ cinquante feüilles d'argent qui avoient esté enlevées sur les especes alterées ; ces feüilles les unes plus épaisses que les autres ,
simples ou doubles , selon que la dose de la matiere dont
on s'estoit servi pour les enlever avoit esté plus ou moins
forte ; c'estoit la dépoüille des écus donnez à Loüise
Desbordes , au Marchand , au Valet, & des trois trouvez dans la bourse du sieur de Berzieux. On trouva
encore un paquet de fleur de souffre , une petite bouteille
d'eau de vitriol presque vuide, & ensin un petit memoire
intitulé pour enlever, pour blanchir, pour jaunir, & pour
accroistre. Les pieces faisoient la conviction, elles furent
presentées & au sieur de Berzieux qui les reconnut, & ce
fut alors qu'il fit entendre qu'il avoit crû faire une chose tres-innocente, en faisant l'épreuve du secret qui estoit
écrit sur ce memoire, & qui luy avoit esté donné par
un Dragon de sa Compagnie. Le sieur Procureur du Roy
donna ses conclusions sur le procés-verbal. Le suppliant
ordonna que tout ce qui s'estoit trouvé sous les scellez
seroit porté au Greffe, & que le sieur de Berzieux seroit
conduit au Grand-Chastelet ; le mesme jour treiziéme,
il fut informé contre les accusez en vertu de l'Ordonnance du mesme jour. Le quatorziéme, la Competence
fut jugée au Présidial du Chastelet , où les charges furent portées ; les trois accusez oüis en la presence des
Juges , & attendu qu'ils sont provenus d'alteration de
Monnoye de la derniere reforme, & d'exposition d'icelle, il est dit que leur procés leur sera fait en dernier ressort par le suppliant qui est declaré competent : Le mes-

me jour le jugement fut prononcé aufdits accufez & fignifié. Il y eut information nouvelle faite par Baftard
en conféquence de l'Ordonnance du treiziéme ; & les
trois accufez furent interrogez par le fuppliant ; le feiziéme Janvier, le Marchand qui avoit eu les treize écus, les
apporta au Greffe ; il en fut dreffé procés-verbal le mefme jour feiziéme, fentence qui ordonne le recollement
& confrontation des tefmoins, & que les Monnoyes
d'or & d'argent, les feüilles d'argent, la fleur de fouffre,
le vitriol, les huit écus de Loüife Defbordes, celuy du
Valet, les treize du Marchand, les trois du fieur de Berzieux feront vûs & vifitez par deux Effayeurs de la Monnoye qui feroient leur rapport, ferviroient de témoins,
& feroient recolez & confrontez : Les Experts nommez font le mefme jour la vifite, & rapportent que les
vingt-cinq écus reprefentez ont efté alterez par une operation chimique, qu'ils ignorent qu'il en a efté enlevé
des feüilles, & que les feüilles reprefentées font celles
qui ont efté enlevées, que les empreintes font demi effa-
cées, & que chaque écu eft diminué d'environ un gros
vingt grains chacun par une eftimation commune de
leur poids, & en dédoublant les feüilles, il s'en eft trouvé au nombre de foixante-fix, parce que les unes étoient
plus fortes que les autres. Les autres efpeces fe font trouvées faines & entieres : Le recollement & la confrontation ont efté faits enfuite ; & il n'y avoit plus qu'à juger de la gravité, ou de la legereté du crime ; lorfque
le fieur de Berzieux a efté confeillé de donner fa Requefte au Grand Confeil en caffation du Jugement de
Competence, le 26. Janvier 1705. Sa Requefte en caffation a efté fignifiée au fieur Procureur du Roy du Chaftelet, le 13. Février : Il en a donné une autre tout à fait
irreguliere,

irreguliere, par laquelle il a demandé que les minuttes
des charges & informations seroient apportées au Greffe
du Grand Conseil ; & par Arrest du 16. il a esté ordonné que les charges seroient apportées ; le 17. Février,
Colas a donné sa Requeste d'intervention, & a demandé que l'Arrest qui interviendroit sur la cassation seroit
declaré commun avec eux, le mesme jour dix-septiéme
Février, le sieur de Berzieux & Colas ont donné conjoin-
tement une autre Requeste, par laquelle ils ont demandé
que les captures, emprisonnemens, écroües, apposition,
& levée de scelez, interrogatoires, recollemens & confrontations, & toutes les procedures qui ont précedé &
suivi le jugement de Competence fussent declarées nulles.
La cause portée à l'Audience, le sieur de Berzieux a sous-
tenu que le cas n'estoit point de la competence du suppliant, & il a proposé plusieurs moyens de nullité : Le
sieur de Saint-Port, Avocat General au Grand Conseil,
a fait voir au contraire que le cas estoit Prévostal, & que
les prétenduës nullitez n'estoient pas soustenables, & a
conclu que le jugement du procés fust renvoyé au suppliant. Sur les contestations il a esté rendu un Arrest le
cinquiéme Mars 1705. qui ordonne que le Grand Conseil
verra les charges, & que les minuttes apportées du Chastelet demeureront au Greffe en execution de cet Arrest.
Lesdits accusez ont donné plusieurs Requestes ; le sieur
de Berzieux a produit plusieurs pieces pour prouver sa
Noblesse, ses actions, & ses biens ; c'est dans ces circonstances qu'a esté rendu l'Arrest diffinitif, le trente-uniéme
du mesme mois de Mars, par lequel le Grand Conseil faisant droit sur les Requestes, a cassé & annullé la sentence
de Competence du 14. Janvier 1705. Ensemble les procedures faites par le suppliant, & par Bastard ; lesquelles

B

procédures il a declarées nulles, à l'exception de la plainte & des depositions des 1. 2. 5. & 6. temoins oüys dans
l'information faite par le suppliant les 13. & 18. du mois
de Janvier, sur lesquelles plaintes & depositions il sera
procedé à l'instruction du procés des accusez par le Lieutenant Criminel du Chastelet, à la charge de l'appel au
Parlement de Paris : Ordonne que les minuttes des procedures cassées & annullées estant au Greffe du Grand Conseil, seront mises dans sac à part, & envoyé au Greffe
du Lieutenant Criminel du Chastelet pour servir de memoire, & que les effets dont les accusez se sont trouvez
saisis & qui ont esté portez au Greffe du suppliant, seront
remis en celuy du Lieutenant Criminel du Chastelet, &
ayant égard aux Conclusions du Procureur General ; enjoint à Bastard, conformement à l'article 9. du titre 2.
de l'Ordonnance Criminelle de 1670. de faire inventaire
de toutes les choses dont les accusez se trouveront saisis
lors de la capture, leur en donner copie, ensemble du
procés-verbal de capture & de l'écroüe, aux termes de
l'article 7. du titre 2. Fait deffenses audit Bastard d'arrester
sans decret, sinon és cas de l'Ordonnance, & d'informer
sans permission du Juge. Fait pareillement deffenses tant
au Lieutenant Criminel de Robbe-Courte, qu'à Bastard,
& autres Officiers de sa qualité, de proceder à la confection d'information, sans assistance du Greffier ordinaire, ou en cas d'absence, d'autres personnes de qui le serment sera pris préalablement ; ce que le Lieutenant Criminel de Robbe-Courte sera tenu d'observer és Interrogatoires des accusez, recollemens & confrontation de témoins, & iceux faire signer par le Greffier, lequel sera tenu
de sa part, & sous les peines de l'article 12. titre 6. de ladite
Ordonnance, de faire approuver au Juge toutes les ra-

tures, & signer les renvois des minuttes : Que le Lieutenant Criminel de Robbe Courte ne pourra lors de la confrontation, & en interpellant l'accusé de fournir de reproches, se servir du simple terme (averti de l'Ordonnance :) Mais sera tenu conformément à l'article 16. du
titre 15. d'exprimer, & faire mention que l'accusé a esté
interpellé de fournir sur le champ ses reproches si aucuns
il a, & l'avertir qu'il n'y sera plus receu aprés avoir entendu la lecture de la deposition du témoin. Enjoint à
Montbailly Greffier, d'estre plus exact dans les expeditions des Grosses des charges & informations, & autres
procedures criminelles qui seront apportées au Greffe du
Grand Conseil, & de les rendre en tout conformes aux
Minuttes d'icelles, sans aucunes additions, à peine de
faux, d'amende, & de répondre en son propre nom des
dommages & interests des parties. Ordonne que le Lieutenant Criminel de Robbe-Courte sera tenu, aux termes
de l'article 17. du titre 1. de l'Ordonnance de 1670. de
porter les charges & informations au Presidial pour faire
juger sa Compétence ; le Presidial sera tenu de faire
mention dans le jugement du Veu des charges & informations & procedures extraordinaires, sur lesquelles les
jugements de Compétence seront rendus ; comme aussi,
que les Jugements seront signifiez aux accusez en entier,
& non par Extrait, & où il y aura des renvois dans les
Minuttes des Sentences Presidiales, ils seront paraphez
par tous les Juges qui les auront rendus, sous les peines
portées par l'Ordonnance ; ordonne que cet Arrest sera
leu & publié à l'Audience Presidiale du Chastelet de Paris,
& registré és Registres d'iceluy pour estre executé selon
sa forme & teneur. Enjoint au Substitut du Procureur
General d'y tenir la main, & d'en certifier le Grand

Conseil dans quinzaine. C'est contre cet Arrest que le suppliant est obligé de proposer ses moyens de cassation qui seront faciles à expliquer aprés la deduction du fait, & de la procedure qu'il vient de faire, & afin de les proposer avec ordre, il divisera le dispositif de l'Arrest en trois chefs principaux qui se diviseront en d'autres. Le premier chef concernant le Jugement de Competence : Le second, la nullité des procédures, & lesdites Minuttes retenuës : Le troisiéme, les Reglemens, ou plustost les Servitudes. Premier chef, jugement de Compétence, termes du dispositif, ICELUY NOSTREDIT GRAND CONSEIL faisant droit sur lesdites Requestes, a cassé, revoqué & annullé ladite Sentence de Competence dudit jour 14. Janvier 1705. Le premier moyen de cassation est, que le Grand Conseil a jugé contre la disposition précise de l'article 1. de l'Ordonnance de 1670. qui porte que les Lieutenants Criminels de Robbe-Courte connoistront en dernier ressort de l'alteration ou d'exposition des Monnoyes contre toutes personnes. L'Ordonnance ne met qu'un des deux cas, l'alteration ou l'exposition ; & icy les deux cas sont joints l'alteration & l'exposition, dont le suppliant a esté declaré bien competent, & l'Arrest n'a pas dû annuller ce Jugement ; quant à l'alteration elle est certaine, il y a vingt-cinq écus dont les feüilles ont esté enlevées, les feüilles ont esté trouvées, on trouve les matieres avec lesquelles l'enlevement en a esté fait, & le memoire qui a servi d'instruction, les Experts disent que l'alteration a esté faite, bien plus l'accusé luy-mesme en convient ; quel pretexte peut-il donc y avoir d'oster au suppliant la connoissance de ce cas ? on dit que c'est une simple curiosité, une épreuve, un amusement ; cela peut estre, & il peut y avoir de l'innocence : mais ce fait

eſt toûjours certain que la Monnoye a eſté alterée, &
l'alteration ſuffit pour rendre le Lieutenant Criminel de
Robbe-Courte Competent. Outre l'alteration, il y a encore l'expoſition; le ſieur de Berzieux a donné treize de
ces écus à un Marchand, il en a donné huit à Loüiſe
Deſbordes qui les a voulu donner en payement, il en a
donné trois à ſon Valet, Loüiſe Deſbordes a eſté priſe
dans l'expoſition meſme, le Valet s'eſt trouvé ſaiſi, le
Marchand a rapporté ceux qui luy ont eſté donnez; l'expoſition eſtant ſi certaine, le cas eſt ſans difficulté de la
competence du ſuppliant; ce que le Grand Conſeil doit
examiner, lorſqu'on luy demande la caſſation d'une competence: c'eſt principalement le titre des accuſations, &
le motif des Juges; & c'eſt pourquoy l'Ordonnance veut
que ce motif ſoit exprimé dans le Jugement, afin que
l'on connoiſſe ſi le cas eſt veritablement competent. Or
icy le titre eſtoit indubitable, le motif bien exprimé, l'accuſé luy-meſme convient du fait, & il n'y a plus qu'à
juger ſi le fait eſt grave, ou s'il ne l'eſt pas; le Grand
Conſeil a donc peché contre ſa premiere regle, en caſ-
ſant un Jugement dont le motif, dont le titre avoüé par
l'accuſé luy-meſme eſt vray independamment de toutes
procedures & de toutes inſtructions; car il eſt neceſſaire
de remarquer que le ſieur de Berzieux ne denie pas qu'il
n'ait alteré de la Monnoye; mais il prétend que cette alteration eſt innocente. Voila le fonds bien eſtabli, il faut
preſentement examiner la forme. Le Grand Conſeil
n'ayant pû caſſer le Jugement de Competence que par
le merite, ou du fond en jugeant le cas non Prevoſtal,
ou de la forme en trouvant le Jugement nul, il paroiſt
par deux Reglemens que fait l'Arreſt, qu'on a eu attention à deux nullitez par rapport à ce Jugement, l'une en

ce que ce Jugement n'a esté signifié que par Extrait, &
l'on y a retranché le nom de Juges ; l'autre, parce qu'on
n'y a pas fait mention du Vû des charges : A l'égard de
la premiere nullité , 1°. la signification du Jugement est
hors le Jugement, elle n'est point du fait du Juge ; ainsi
quand elle seroit nulle elle ne peut point faire obstacle
au corps du Jugement qui en luy-mesme est bon. 2°. L'Ordonnance ne dit en aucun endroit que l'on donnera copie
du Jugement entier : Icy le Jugement a esté signifié en
son entier tel qu'il est en sa Minutte, il n'en a pas esté ob-
mis un seul mot , le seul nom de Juge n'a pas esté mis ;
mais cela ne fait point partie du Jugement. 3°. Il est tres-
important de remarquer que le sieur de Berzieux n'a point
rapporté la copie qui luy a esté signifiée de ce Jugement,
ni lorsqu'il a donné sa Requeste en cassation au Grand
Conseil , ni lors de l'Arrest diffinitif du 31. Mars 1705.
Elle n'est certainement point visée dans l'Arrest, on n'y
trouve que les deux copies signifiées à Colas & à Loüise
Desbordes , de-là deux consequences tres-essentielles , &
un second moyen de cassation. La premiere consequence
est , que l'Arrest du Grand Conseil n'a pû casser le Jugement de Competence sous prétexte qu'il n'a esté signifié que par Extrait au sieur de Berzieux , puisque le Grand
Conseil n'a jamais vû la copie qui luy a esté signifiée, &
qu'il n'a jamais pû juger si elle estoit entiere , ou si elle ne
l'estoit pas , puisqu'il ne l'a pas vûë. La seconde consequence est , que n'ayant point vû cette copie, c'est un
moyen de cassation contre l'Arrest en ce qu'il a contrevenu à la declaration de Sa Majesté du 23. Septembre 1678.
donnée sur la maniere dont doivent estre receuës les cas-
sations des Jugements de Competence au Grand Conseil,
par laquelle Sa Majesté a ordonné que les Requestes en

caſſation ſeront receuës au Grand Conſeil, & Commiſ-
ſion accordée, à la charge que les accuſez rapporteront
les copies qui leur auront eſté ſignifiées deſdits Jugements
de Competence dont ſera fait mention dans la Commiſ-
ſion qui ſera délivrée, à peine de nullité. Or il eſt certain que le ſieur de Berzieux n'a jamais rapporté la copie
qui luy a eſté ſignifiée du Jugement de Competence, donc
l'Arreſt qui a receu & jugé la caſſation de la Compétence,
a contrevenu à la Declaration du 23. Septembre 1678. &
eſt ſujet luy meſme à caſſation, & il y a cette reflexion
à faire ſur cette prétenduë nullité, qu'il ſeroit facile aux
accuſez de la faire naiſtre toutes les fois qu'il leur plairoit;
car il n'y auroit qu'à ſupprimer la copie entiere qui leur
auroit eſté ſignifiée, & comme on croit que tout eſt permis pour ſe ſauver, en gagnant l'Huiſſier, s'en faire dé-
livrer une ſimple copie par Extrait, puis ſouſtenir que
c'eſt celle qui a eſté ſignifiée, & en conſequence demander que la procedure ſeroit declarée nulle. Cet inconvenient fait voir qu'il ne faut rien ajouſter à l'Ordonnance:
à l'égard de la ſeconde prétenduë nullité qui conſiſte en
ce que dans ce Jugement de Competence il n'y a pas eſté
fait mention du Vû des charges. La reponſe eſt que l'art. 9.
du titre 2. de l'Ordonnance de 1670. ne demande que
deux conditions pour la forme du Jugement, l'une que
les accuſez ſoient oüys, & qu'il en ſoit fait mention;
l'autre qu'il ſoit fait mention de la Competence, & l'article ajouſte ſous peine de nullité de la procedure qui ſera
faite depuis la competence. Le Jugement dont il s'agit
a ſatisfait à ces deux conditions : il eſt donc dans les termes de l'Ordonnance, l'article 17. de la meſme Ordonnance n'eſt pas celuy qui a reglé la forme des Jugements
de Competence; c'eſt celuy qui vient d'eſtre rapporté,

& qui a marqué la peine de nullité dans les deux cas, si l'article 17. dit que les charges & informations seront portées à la Chambre du Conseil du Presidial, il ne dit pas précisément qu'il en sera fait mention, & il n'impose aucune peine. Il faut donc revenir à l'article 19. du titre 2. qui est limitatif & penal; au surplus il seroit absurde de dire que les charges n'ont pas esté vûës, elles l'ont esté, on ne pourroit pas interroger les accusez sans les charges, on ne pourroit pas determiner le motif de la Competence, les Juges ne pourroient pas sçavoir dequoy il seroit question, cette nullité a aussi peu de fondement que les autres ; ainsi il resulte de ce qui vient d'estre dit, que le Jugement de competence est bon, & dans le fond & dans la forme interieure dans le fonds le titre de l'accusation est certain, & avoüé par l'accusé luy-mesme. Dans la forme interieure il n'y a point de nullité, l'Ordonnance a esté remplie. Et comme le Grand Conseil n'a pû casser ce Jugement que par la forme, ou par le fonds, il s'ensuit que le suppliant est bien fondé aux deux moyens de cassation qu'il propose à cet égard. Le premier est qu'il a contrevenu à l'article 12. du titre 1. de l'Ordonnance de 1670. en declarant le suppliant incompetent d'un cas d'alteration ou exposition de Monnoye. Le second moyen de cassation est, qu'il a contrevenu à la Declaration du 23. Septembre 1678. en recevant & jugeant une Requeste en cassation d'un Jugement de Competence, sans voir la copie signifiée du Jugement par le second chef dudit Arrest concernant les nullitez : Le Grand Conseil a declaré nulles les procedures faites par ledit Lieutenant Criminel de Robbe Courte, & par Bastard, à l'exception de la plainte & des depositions des 1. 2. 5. & 6. témoins ouys dans l'information faite par ledit Lieutenant Criminel

minel de Robbe-Courte, les 13. & 18. dudit mois de Janvier. Le troiſiéme moyen de caſſation eſt, que la procedure a eſté declarée nulle ſur le fondement que le Jugement de Competence n'avoit point eſté duëment ſignifié, & conformément à l'article 20. du titre 2. de l'Ordonnance de 1670. Mais le Grand Conſeil n'ayant point
vû la copie du Jugement, il n'en a pû admettre la caſſation, & encore moins caſſer la procedure aux termes
de la Declaration du 23. Septembre 1678. Le quatriéme
moyen de caſſation contre cette partie de l'Arreſt qui a
declaré les procedures nulles, reſulte de la contravention
faite à la Declaration du 23. Septembre 16-8. laquelle
reglant la maniere dont le Grand Conſeil jugera les
caſſations des Competences, s'explique en ſes termes :
VOULONS & ENTENDONS que noſtre Grand Conſeil
puiſſe recevoir les Requeſtes en caſſation des Jugements
de Competence & des autres procedures faites depuis par
les Prevoſts des Mareſchaux, & Juges Preſidiaux. Ainſi
le Grand Conſeil eſt eſtabli pour caſſer le Jugement de
Competence, s'il y a lieu, & les procedures faites depuis
le Jugement : Mais pour les procedures faites auparavant,
il n'y peut point toucher ; la caſſation ne luy en appar-
tient pas, il n'eſt Juge que du titre & du motif de la Competence ; ſi la Competence n'eſt pas bonne, ce qui a eſté
fait depuis n'eſt pas bon, il le peut caſſer ; mais ce qui
a eſté fait auparavant doit ſubſiſter ; & il n'eſt pas de
ſon Reſſort ſuivant cette Declaration meſme qui a reglé ſa Juriſdiction à cet égard : cela eſt ſi vray, que ſi
la Competence eſtoit bonne, & la procedure nulle, le
Grand Conſeil ſeroit obligé de confirmer la Competence, & ne pourroit prononcer la nullité d'aucunes des
procedures : Mais les nullitez appartiendroient aux Juges

C

qui les examineroient, en procedant au Jugement en dernier ressort, & en faisant la visite du procés conformément à l'article 8. du titre 14. de l'Ordonnance de 1670. Le suppliant proposera d'autres moyens de cassation par rapport aux nullitez en détail, en examinant le chef de ce Reglement ; mais il est encore necessaire d'observer icy que le Grand Conseil reserve la plainte : or il est certain qu'il n'y a point de plainte, l'instruction a commencé par les captures, cette affaire a donc esté legerement examinée, *il reserve encore des depositions* faites depuis le Jugement de Competence; mais les depositions eussent esté nulles aux termes de l'art. 20. du titre 2. de l'Ordonnance de 1670. Si le Jugement de Competence n'eust pas esté signifié dans cette supposition, & dans celle où le Grand Conseil estoit, qu'il pouvoit juger les nullitez, il ne falloit rien reserver ; c'est donc contrevenir à l'Ordonnance, & fournir au suppliant *un cinquieme moyen de cassation*. La suite du dispositif dudit Arrest est, que sur lesdites plaintes & depositions, il sera procedé à l'instruction du procés desdits accusez par le Lieutenant Criminel du Chastelet, à la charge de l'appel au Parlement de Paris. Le sixiéme moyen de cassation est, que l'Arrest n'a pû renvoyer au Lieutenant Criminel, à la charge de l'appel, puisque le cas est Prevostal, & ainsi il a contrevenu à la disposition de l'Ordonnance qui le declare tel. Ce moyen rentre dans le premier qui a esté assez expliqué. Le septiéme moyen est, que l'Arrest a contrevenu à l'article 7. de la Declaration de 1691. qui contient Reglement entre le Lieutenant Criminel du Chastelet, & le Lieutenant Criminel de Robbe-Courte, par lequel il est dit, qu'en cas d'absence ou empeschement du Lieutenant Criminel de Robbe-Courte, l'instruction des procés de sa

Competence appartiendra au Lieutenant Particulier qui
sera de service à la Chambre du Conseil, ou de l'autre en
son absence, ou au plus ancien Conseiller. Il falloit donc
renvoyer ce procés au Lieutenant Particulier pour le juger en dernier ressort à la place du Lieutenant Criminel
de Robbe-Courte. Il sera remarqué en cet endroit que le
Lieutenant Criminel à qui on a renvoyé à proceder à l'instruction sur la plainte, ne pourroit proceder, puisqu'il
n'y a point de plainte au procés ; le Lieutenant Criminel
pourroit mesme douter avec fondement, s'il a le pouvoir
par cet Arrest de Juger diffinitivement, puisque l'Arrest
ne lo prononce pas, & qu'il dit seulement qu'il sera par
luy procedé à l'instruction du procés des accusez. Il a esté
en outre ordonné par ledit Arrest, que les minutes desdites procedures cassées & annullées seront mises dans un
sac à part, & envoyées au Greffe du Lieutenant Criminel du Chastelet pour servir de memoire. Deux moyens
de cassation à cet égard ; le premier qui est le huitiéme,
resulte de la contravention que l'Arrest a fait en prononçant ainsi, aux Declarations de Sa Majesté des 15. Juil-
let & 3. Decembre 1687. qui sont d'un usage general dans
tout le Royaume, par lesquelles elle a deffendu que les
Minuttes des procedures extraordinaires soient apportées
aux Greffes des Cours, sinon en deux cas qui sont, lorsqu'elles sont arguées de faux, ou que les Juges qui les
auront faites soient accusez de prévarication. Or les procedures du suppliant n'ont point esté arguées de faux,
il n'a point aussi esté accusé de prévarication. Il s'est conduit dans cette affaire avec la prudence que demandoit
son ministere pour la decouverte du crime, & la conservation des preuves ; l'Arrest n'a donc pas dû le depoüil-
ler de ses Minuttes , & ce moyen retombe en cassation

sur l'Arreſt du 13. Février 1705. qui a ordonné que les Minuttes ſeroient apportées au Greffe du Grand Conſeil. Le
deuxiéme moyen qui fait le neuviéme de caſſation, reſulte de l'injuſtice évidente que renferme cette partie de
l'Arreſt ; on enleve au ſuppliant qui n'a point prevariqué
les Minuttes de ſon inſtruction, on les porte au Greffe
du Chaſtelet ; ſon Greffe eſt privé de ſes inſtruments &
des pieces qui luy appartiennent. Qu'elles ſoient nulles,
ou qu'elles ne le ſoient pas, on ne peut pas l'en deſſaiſir,
c'eſt ſon bien, c'eſt ſa choſe, c'eſt le travail de ſon Greffier, c'eſt la poſſeſſion de ſa Charge. On n'a jamais vû
prononcer en aucune Cour, que les Minuttes d'une Inſtruction ſeront ſupprimées & tirées du Greffe, ſous prétexte de nullitez ; cela peut arriver dans des cas où l'on
veut abolir la memoire de crimes énormes : Encore cela
ne ſe fait-il que par l'Arreſt ou Jugement diffinitif des
Tribunaux qui jugent le Criminel. Mais par un Arreſt
qui renvoye l'inſtruction à un autre Juge, on depoüille
le Juge qui a prevenu de ſes propres Minuttes, que
parce qu'une procedure aura ſemblé nulle, on en ſuppri-
me la Minutte, ou qu'on la porte ailleurs, c'eſt ce qui
ne s'eſt jamais pratiqué, & c'eſt auſſi contre cette pratique ſinguliere que le ſuppliant reclame l'autorité de Sa
Majeſté, & de ſon Conſeil, afin d'eſtre reintegré dans la
poſſeſſion de ſes Minuttes qui luy ſont ſi injuſtement enlevées, l'intereſt qu'il a en ce point eſt ſenſible. Il ne veut
point paſſer pour fauſſaire & pour prévaricateur, & ce
pendant ce n'eſt qu'à ces deux titres qu'il peut en eſtre
depoüillé. Certainement il y a dans cette partie de l'Arreſt une affectation de fletrir le ſuppliant qui ne peut point
eſtre ſouſtenuë, & qui ne peut eſtre rétablie que par la
main toute-puiſſante de Sa Majeſté. Le ſuppliant eſt par-

venu au troisiéme & dernier chef de l'Arrest qui concerne les Reglements. Cette partie de l'Arrest quoyque publique fert cependant à faire connoiftre les prétenduës nullitez que le Grand Confeil a trouvées dans les procedures : C'eft une prononciation mixte qui tombe & fur la procedure que le fuppliant a faite, & fur les fonctions de fa Charge que l'on a voulu rendre plus onereufe & plus fervile. Le fuppliant feparera chaque chef de ces Reglements, & propofera fes moyens de caffation, ou fes fimples obfervations fur chacun de fes chefs, afin que Sa Majefté connoiffe ce qui eft bon dans cette partie de l'Arrest, & ce qui ne l'eft pas. Par le premier de ces Reglements, il eft enjoint à Baftard, conformément à l'article 9. du titre 2. de l'Ordonnance de 1670. de faire inventaire de toutes les chofes dont les accufez fe trouveront faifis lors de la capture, leur en donner copie, enfemble du procés-verbal de capture & de l'écroüe, aux termes de l'article 7. du titre 2. Le dixiéme moyen de caffation eft, en ce que l'Arrest a jugé que c'eftoit une nullité de n'avoir point donné copie de l'Inventaire, & qu'il veut affujettir le fuppliant ou fon Lieutenant à en donner copie lorfqu'il en fera fait, conformément à l'article 9. du titre 2. de l'Ordonnance de 1670. Cependant cet article ne fait aucune mention qu'il fera donné copie de l'Inventaire. L'Arrest impofe donc une fervitude au fuppliant au-delà de l'Ordonnance qui ne fera que retarder l'inftruction, laquelle ne peut eftre trop prompte. L'onziéme moyen de caffation refulte de la contravention à l'article 7. de l'Ordonnance, titre 2. qui ne porte aucune peine de nullité, lorfqu'on ne donnera point copie du procés-verbal de capture ; cela n'a donc pû eftre regardé comme une nullité, & cependant l'Arrest en fait une

Injonction qui ne peut estre plus forte que celle de l'Ordonnance dans le fait dont il s'agit. Il n'y a point eu
d'Inventaire, il estoit inutile d'en faire un puisque l'accusé
n'avoit rien sur luy : Mais on a apposé un scellé dans sa
chambre, ce qui suppleoit & au-delà, un Inventaire,
puisque l'accusé a esté present à la levée du scellé, & à
la description qui a esté faite de ce qui s'est trouvé sous
ledit scellé. Quand l'Ordonnance enjoint par l'article 9.
du titre 2. aux Prevosts des Mareschaux de faire un Inventaire, c'est qu'elle suppose que l'accusé sera arresté dans la Campagne, puisqu'elle dit que l'Inventaire
sera signé de deux habitans voisins du lieu ; cela ne peut
regarder un homme arresté dans sa chambre, dans laquelle on appose un scellé ; & d'ailleurs le sieur de Berzieux ne s'est point plaint qu'on luy ait rien pris. Il est
vray qu'il n'a point esté donné copie du procés-verbal de
capture, parce qu'il contenoit à mesme temps procés-
verbal d'apposition de scellé ; mais il a esté donné copie de l'écrouë, l'écrouë suffit pour faire connoistre aux
accusez à la requeste de qui, & de quelle autorité ils
sont arrestez, ce n'est point là une nullité, & ce deffaut
leger ne meritoit pas une injonction. Le second Reglement fait deffense à Bastard d'arrester sans decret, sinon
és cas de l'Ordonnance ; ces deffenses n'ont esté faites
que parce que le sieur de Berzieux a esté arresté sans decret, aussi-bien que Colas, & Louise Desbordes. Le dou-
ziéme moyen de cassation resulte de l'usage contraire où
est le suppliant & ses Lieutenants, le sieur Prevost de
l'Isle & autres d'arrester sans decret le prevenu des crimes prevostaux, principalement lorsqu'il y a à craindre
que les preuves ne deperissent. Usage qui a passé en force
de loy, qui est fondé dans la necessité & utilité publique,

lesquelles demandent de la celerité & une prudence particuliere pour conserver les preuves s'il faut informer, avoir des conclusions, obtenir des decrets avant que d'arrester les criminels, ils demeureront tous impunis, les complices, les témoins, les preuves de conviction, tout disparoistra, & l'avantage que le public retire de ces promptes expeditions tournera en un desordre pernicieux dés qu'il faudra s'assujettir à la longueur des procedures. Dans le fait present il n'y a point eu de decret ; mais Loüise Desbordes a esté arrestée en flagrant délit, & à la clameur publique, & l'Ordonnance le permet. La capture du sieur de Berzieux & de Colas faite le mesme jour, est une suite de cette clameur, c'est la voix publique qui les denonce, qui demande vengeance, qui indique les complices. Le droit de suite est reconnu en matiere civile, à plus forte raison l'est-il en matiere criminelle, & dans une matiere de crime de Leze-Majesté au second chef. D'ailleurs Bastard n'a rien fait en cela que de concert avec le Procureur de Sa Majesté au Chastelet, & de l'ordre du suppliant dont la subordination seroit troublée si ses Lieutenants refusoient d'executer ses ordres. Il y a encore cette remarque à faire dans le fait qui prouve l'utilité d'arrester sans decret ; c'est que si l'on s'estoit amusé à faire une Information, & à obtenir un decret, le sieur de Berzieux auroit eu le temps d'apprendre le sujet de la detention de Loüise Desbordes, d'oster les preuves de conviction qui ont esté trouvées dans son armoire & dans sa bourse, de détourner son Valet, de retirer les treize écus du Marchand. La procedure du suppliant a assuré ces preuves à la Justice. Luy fera-t-on un crime de sa vigilance ? & n'est-il pas évident, que si cela est arrivé dans cette affaire, il arrive-

ra la mesme chose dans toutes autres de pareille nature.
Il paroist donc que les deffenses du Grand-Conseil sont
mal placées & mal ordonnées. Il est fait deffenses à Bastard par le troisiéme chef des Reglemens de l'Arrest,
d'informer sans permission du Juge ; ces deffenses four-
nissent. Le treiziéme moyen de cassation en ce que c'est
ajouster à l'Ordonnance ce qu'elle ne prescrit point ; l'Ordonnance de 1670. n'a point établi la necessité d'une
permission du Juge pour informer ; les anciennes Ordonnances enjoignent aux Commissaires du Chastelet d'informer des crimes aussi-tost qu'ils seront venus à leur connoissance, sans attendre aucuns requisitoires, & ne leur
impose point la necessité d'attendre l'Ordonnance du
Juge. La mesme chose est encore plus ordonnée aux Prevosts des Mareschaux, & à leurs Lieutenants, toutes les
preuves échaperoient à la Justice s'il falloit s'assujettir à
ces formalitez. C'est donc non seulement ajouster à l'Ordonnance, mais prescrire une chose contraire à l'esprit
de l'Ordonnance. L'usage d'informer sans attendre la permission du Juge, a esté observée de temps immemorial,
tant par les Lieutenants du sieur Prevost General de l'Isle
de France, que par ceux du suppliant. Cet usage a cet
avantage d'avoir tousjours esté approuvé, & d'avoir produit des effets utiles au service de Sa Majesté, & au bien
de la Justice ; c'est préjudicier à l'un & à l'autre que de
le condamner. Le quatriéme chef fait deffenses au suppliant, & à Bastard, & autres Officiers de sa qualité,
d'informer sans assistance du Greffier Ordinaire, ou en
cas d'absence, d'autres personnes de qui le serment sera
pris préalablement. Ces deffenses à l'égard du suppliant,
sont sans fondement, les Informations qu'il fait sont tousjours signées par son Greffier ; l'usage est contraire à l'é-

gard

gard des Lieutenants, ceux du Suppliant, ainfi que ceux du fieur Prevoft de l'Ifle, ont de tout temps écrit eux-mefmes leurs Informations. Cela s'eft ainfi obfervé devant & depuis l'Ordonnance de 1670. Le Parlement n'a jamais condamné cet ufage, qui par confequent doit eftre regardé comme une tradition & une loy non écrite, que le Grand Confeil n'a pas efté en droit de renverfer. Il n'y a point d'articles dans l'Ordonnance de 1670. qui impofe à ces Officiers la neceffité de fe fervir du miniftere d'un Greffier. L'Article 9. du titre des Informations porte que la depofition fera écrite par le Greffier en prefence du Juge. Mais il paroift que l'Ordonnance dans cet article n'a pas eu intention de rien changer aux ufages obfervez dans Paris, & qu'il n'eftoit pas neceffaire d'en faire la referve n'ayant point excepté les Commiffaires du Chaftelet de cette regle generale, lefquels font en poffeffion d'écrire eux-mefmes les Minuttes de leurs Informations, ces Officiers font confiderez comme des Commiffaires du Chaftelet, & ce droit leur eft donné pour l'utilité publique, afin qu'ils puiffent fuffire au grand nombre des affaires Criminelles qui arrivent à Paris & és environs. L'expedient que trouve l'Arreft de fe fervir d'autres perfonnes de qui le ferment fera pris eft un expedient qui n'eft point praticable, puifque ces Officiers n'ont le plus fouvent avec eux que des Archers, qui tout au plus ne fçavent que figner leur nom, & qui ne pourroient pas écrire des depofitions de tefmoins. Quand dans un cas urgent le Lieutenant informera, & qu'il ne trouvera perfonne qui fçache écrire, faudra-t-il qu'il abandonne les preuves, qu'il laiffe aller les tefmoins, & acquerir ainfi au Criminel une defcharge par la main de la Juftice mefme qui le doit punir. Ce font les in-

conveniens naturels qui suivent de ce Reglement , auf-
quels on n'a point songé , & que Sa Majesté aura la bon-
té de reformer. La suite du quatriéme chef des deffenses
dudit Arrest porte , Sera tenu d'observer aux Interrogatoires des accusez, recollement & confrontation des tesmoins , & iceux faire signer par le Greffier ; c'est le cinquiéme chef de Reglement , & qui donne le quatorziéme
moyen de cassation. L'Arrest veut assûjettir le suppliant
à faire signer les interrogatoires , recollement & confrontation au Greffier : cela est contraire aux articles 5. & 13.
du titre 15. de l'Ordonnance Criminelle qui ne desire autre chose , sinon que l'accusé le juge , & les tesmoins si-
gnent les recollemens & les confrontations. Tout le titre
14. des Interrogatoires ne demande point aussi d'autre
formalité. Il n'est en nulle part fait mention du Greffier ;
c'est une servitude nouvelle que l'Arrest impose sans raison, & sur laquelle il n'a pas deu condamner les interrogatoires, recollemens & confrontations faits au procés.
Il semble pourtant que c'est sur ce fondement qu'il les a
rejettées, puisqu'il a fait cette injonction , lequel Greffier, continuë cet Arrest, sera tenu de sa part , & sous les
peines de l'article 12. du titre 6. de faire approuver au
Juge toutes les ratures , & signer les renvois des Minuttes. C'est le sixiéme chef de Reglement sur lequel il est
necessaire d'observer, 1°. qu'il est de l'usage de tout temps
au Chastelet de ne se servir que du paraphe pour l'ap-
probation des ratures & des renvois ; cela se pratique ainsi
au Parlement. 2°. L'article 12. du titre 6. ne parle que des
Informations & non pas des Minuttes de toutes les procedures ; c'est estendre la disposition de cet article au-
delà de ses termes, que d'y comprendre toutes les Minuttes , & c'est donner lieu à un quinziéme moyen de

caſſation. 3°. L'inconvenient de la ſignature peut eſtre fort grand, car il y aura tel renvoy ſi proche d'un autre que le Juge ne pourra pas ſigner, mais ſeulement para-pher; c'eſt donc à quoy il faut s'en tenir. La ſuite du diſ-poſitif de l'Arreſt porte, Ne pourra le Lieutenant Cri-minel de Robbe-Courte lors de la confrontation, & en interpellant l'accuſé de fournir de reproches, ſe ſervir de ſimple terme, avertir de l'Ordonnance : mais ſera tenu conformément à l'article 16. du titre 15. d'exprimer & faire mention que l'accuſé a eſté interpellé de fournir ſur le champ ſes reproches ſi aucuns il a, & l'avertir qu'il n'y ſera plus receu aprés avoir entendu la lecture de la depoſition du témoin. Le ſeiziéme moyen de caſſation tiré du ſeptiéme chef de Reglement, eſt, que l'Arreſt fait une nullité & une injonction de ce qui n'eſt point préciſément porté par l'article 16. du titre 15. de l'Or-donnance, & dont elle ne fait point une nullité. L'arti-cle porte bien qu'il ſera fait mention de l'interpellation de fournir de reproches, & de l'avertiſſement ; mais il ne dit pas que l'on ſe ſervira des propres termes de l'Or-donnance. Le ſtile du Chaſtelet & celuy dont ſe ſert le ſuppliant, & dont il s'eſt ſervi dans l'affaire dont il s'a-git, eſt de dire, Interpellé l'accuſé de propoſer repro-ches, averti de l'Ordonnance. L'accuſé a dit n'avoir re-proches, &c. Cet avertiſſement de l'Ordonnance eſt, qu'il n'y ſera plus receu aprés la lecture de ſa depoſition. Les autres termes requis par l'Arreſt, ſont inutiles ; ils ne ſont pas de l'Ordonnance, ils ne meritoient pas la peine de nullité, ni un Reglement. Il eſt enjoint enſuite par ledit Arreſt à Montbailly Greffier, d'eſtre plus exact dans les expéditions des Groſſes des charges & informa-tions, & de les rendre en tout conformes aux Minuttes d'icelles sans aucune addition, à peine, &c. Si l'injonction prononcée par le huitiéme chef de Reglement ne fournit pas de moyen de cassation, elle marque du moins trop d'attention à relever des minuttes qui ne le merisoient pas. Le Greffier du suppliant, ainsi que celuy du sieur Prevost de l'Isle, ne mettent pas de titre dans la Minutte des informations ; ils se contentent de mettre au haut de la premiere page le mot, Information, & laissent un vuide pour le remplir, lequel titre ils étendent dans la Grosse, dans la Minutte, ils mettent à chaque deposition, Aprés serment, &c. & dans la Grosse ils ajoustent, De dire verité ; ainsi d'autres choses non essentielles. Il n'y a en cela rien de criminel ; il n'y a donc pas eu lieu de prononcer cette Injonction ; cet Arrest ordonne encore, que le Lieutenant de Robbe-Courte sera tenu aux termes de l'article 17. du titre premier de l'Ordonnance de 1670. de porter les charges & informations au Présidial, pour faire juger sa Competence. Ce neuviéme chef de Reglement est inutile, & l'Ordonnance y pourvoit assez, on ne pourroit pas juger une Competence sans voir les charges dans le fait present ; les informations ont esté portées au Présidial, & mises és mains du Rapporteur. Il est encore porté par cet Arrest, que le Présidial sera tenu de faire mention dans les Jugements de Competence du Vû des charges, informations & procedures extraordinaires, sur lesquelles les Jugements seront rendus. C'est un dix-septiéme moyen de cassation, l'Ordonnance n'assujettit point à faire mention du Vû des charges ; l'Arrest ajouste Formalitez sur formalitez, & l'Ordonnance en a déja interdit suffisamment ; ce qui est rigoureux doit estre restreint, au lieu d'estre estendu ; on connoist par ce Reglement sur quel

prétexte ce Jugement de Compétence a esté annullé sur
une formalité que l'on n'a jamais connuë, & que le Grand
Conseil luy-mesme a rejetté dans la personne de la Bu-
tin, lorsqu'au mois de Mars 1702. elle proposa ce pré-
tendu défaut de formalité, comme un moyen de cassation du Jugement de Compétence, elle en fut debout-
tée par Arrest. L'incertitude des Maximes produit tousjours des contrarietez. Il est ensuite ordonné, que lesdits Jugements seront signifiez en entier, & non par Extrait. Le dix-huitiéme moyen de cassation resulte de ce
que ce Reglement est impraticable & frustratoire. Il n'y
a pas un accusé qui ne l'élude en se faisant delivrer par
l'Huissier une copie par Extrait, en supprimant la copie
entiere qui luy aura esté signifiée, & au fait dont il s'a-
git, les copies ont esté signifiées en entier, puisqu'elles
sont en tout semblables à la Minutte. Ces Reglements fi-
nissent enfin en ordonnant qu'où il y aura des renvois
dans les Minuttes des Sentences Présidiales, ils seront
paraphez par tous les Juges qui les auront rendus, sous les
peines portées par l'Ordonnance Ce Reglement a esté fait,
parce que dans la Minutte de la Sentence qui ordonne le
recollement & confrontation, il y a un renvoy en marge,
paraphé par le Rapporteur, le Président & le Suppliant;
cela ne s'est jamais pratiqué autrement au Chastelet ni au
Parlement. L'Ordonnance dans l'article 18. ordonne que
les Juges signeront les Minuttes & non les renvois. Il n'y
a pas mesme de nullité prononcée; & ainsi si l'Arrest
en a fait une nullité, c'est un dix-neuviéme moyen de
cassation; le suppliant finira par un moyen general qui
s'étend sur tous les Reglemens contenus en cet Arrest.
Il se proposera sans vouloir blesser le respect, ni res-
traindre l'autorité du Tribunal qui les a prononcez. Ce

D iij

moyen qui est le vingtiéme & dernier de la cassation,
est l'incompetence du Grand Conseil, pour faire des
Loix nouvelles, & pour anéantir des usages qui ont receu force de Loy par l'utilité publique qui les a fait
approuver. Les Officiers du Chastelet ne connoissent que
le Parlement pour leur Superieur naturel, c'est le Parlement qui a le pouvoir de leur donner des Reglemens ; la
Jurisdiction du Grand Conseil sur les Présidiaux & sur
les Prevosts des Mareschaux, est renfermée à juger si le
cas est Prevostal, ou s'il ne l'est pas, lorsqu'on luy demande la cassation d'un Jugement de competence : Le Grand
Conseil n'a pas mesme le pouvoir de prononcer sur la cassation des procedures. Il peut, il est vray, declarer nulles celles qui sont faites depuis le Jugement de Competence, si par son Arrest il casse ce mesme Jugement de
Competence, pour lors la nullité de la procedure est une
suite necessaire de la cassation de Jugement de Competence, & n'est que l'execution de l'article 19. du titre 2.
de l'Ordonnance de 1670. qui prononce nullité de la procedure faite depuis le Jugement de Competence, lorsqu'il y aura deffaut dans ce mesme Jugement. Le Grand
Conseil a donc bien moins l'autorité de faire des Reglemens sur ces procedures. Ces propositions ne sont
point avancées avec temerité, elles ont leur fondement
dans les anciens Edits & Ordonnances des Rois prédecesseurs de Sa Majesté. La Declaration de Sa Majesté
du 23. Septembre 1678. est le seul titre qui ait attribué au
Grand Conseil le droit de recevoir les Requestes en cassation des Jugements de Competence ; c'est ce qui a esté
déja avancé par le suppliant dans sa Requeste. Cette
verité est certaine ; mais il en establira d'autres encore
qui ne sont pas moins importantes. Il prouvera par les

anciennes Ordonnances qui font les titres de l'eſtabliſſe-
ment des Prevoſts des Mareſchaux & des Lieutenants
Criminels de Robbe-Courte, qu'il n'y a que le Roy &
ſon Conſeil où l'on ſe puiſſe pourvoir contre les Jugements de Competence, & contre les procedures faites
en conſequence par les Prevoſts des Mareſchaux, & par
les Lieutenants de Robbe-Courte. Le ſuppliant pour cet
effet ne remontera point aux anciennes Ordonnances de
1536. & de 1549. il ſe contentera d'alleguer l'Ordonnance de Rouſſillon du mois d'Aouſt 1564. Par un Reglement
ment du Conſeil du 14. Octobre 1563. le Roy en deffen-
dant de recevoir l'appel des Prevoſts des Mareſchaux,
avoit ordonné qu'en cas d'appel d'Incompetence, ils ne
pourroient paſſer outre à aucun Jugement diffinitif. Le
Roy par l'Ordonnance de Rouſſillon leve cette reſtric-
tion. L'article 4. de cette Ordonnance, veut qu'ils in-
ſtruiſent, jugent, & executent leurs Jugements nonobſtant l'appel. L'article 5. explique la choſe encore plus
clairement par ces termes, Voulons que l'Incompetence
prétenduë par les priſonniers ſoit jugée au nombre de ſept
Conſeillers ou fameux Avocats du Siege Preſidial ; &
au cas que par le Jugement qui interviendra, les Prevoſts
ſoient declarez Competents, leur avons permis de paſſer
outre à l'inſtruction & jugement diffinitif de l'accuſé,
& execution d'iceluy incluſivement, nonobſtant oppo-
ſitions ou appellations quelconques, & ſans s'arreſter ou
deferer à icelles, & ce nonobſtant le dernier Reglement
de la Juſtice par nous fait en noſtre Conſeil le 14. Octobre 1563. par lequel aurions deffendu aux Prevoſts des
Mareſchaux de paſſer outre pardeſſus l'appel d'Incompetence, juſques à ce que par Nous autrement euſt eſté
pourvû ; & le meſme Edit porte cette clauſe, Permettons

aux parents de l'accusé de recourir à Nous par plainte
contre les Jugements des Prevosts. L'Ordonnance de
1566. article 54. va encore plus loin ; car elle porte, Qu'en
cas que la Competence ou Incompetence des Prevosts
soit en dispute, les accusez ne pourront se pourvoir par-
devers le Roy pour ce regard, ni au Parlement, mais par
par Requeste de renvoy qui sera jugée au Présidial pro-
chain. La Declaration du Roy du 27. Decembre 1574.
verifiée au Grand Conseil, veut que les Présidiaux de-
clarent par leurs Sentences, Qu'elles sont données en
dernier ressort. Ce faisant, deffend aux Parlements d'en
recevoir l'appel ; & si au mépris de ces inhibitions, les
Cours de Parlement travailloient les Juges Présidiaux
par ajournements personnels, ou autrement, que les Juges, Greffiers, & parties se pourvoyent au Grand Conseil, auquel elle attribuë toute Cour & Jurisdiction, &
connoissance. Voilà uniquement la Jurisdiction attribuée
au Grand Conseil, ils sont protecteurs de la Jurisdiction
des Présidiaux & Prevosts des Mareschaux, contre les en-
treprises que voudroient faire contre luy les Parlements
pour les empescher de juger en dernier ressort. Mais il
ne leur a esté attribué aucun droit de recevoir des Requestes en cassation des Jugements de Competence, ni
des procedures des Prevosts des Mareschaux. L'Ordonnance de Moulins, article 17. repete la mesme disposition contenuë en cette Declaration ; par consequent, il
est vray de dire, qu'avant la Declaration du Roy du 23.
Septembre 1678. aucun Edit ni aucune Ordonnance n'a-
voit attribué au Grand Conseil le droit de recevoir des
Requestes en cassation des Jugements de Competence,
& des procedures faites par les Prevosts des Mareschaux.
C'est donc un nouveau droit, & contraire à la disposition

tion des anciennes Ordonnances aufquelles le fuppliant
fe foumet volontiers, puifque c'eft la volonté du Roy,
mais dont il croit pouvoir dire, qu'il doit eftre renfermé
dans fes veritables bornes, fans qu'il puiffe donner pouvoir au Grand Confeil de faire des Reglements fur la
maniere d'inftruire les procés Criminels, d'autant plus
que par cette Declaration du Roy, le droit de recevoir
des Requeftes en caffation des Jugements de Competence,
n'eft donné au Grand Confeil que par provifion, & ces
termes laiffent la liberté aux fuppliants, comme aux Prevofts des Marefchaux, & aux Préfidiaux, de reprefenter
à Sa Majefté, que cette Declaration eft contraire à toutes les anciennes Ordonnances, qu'elle eft préjudiciable
au bien de fon fervice, puifqu'elle arrefte la punition des
plus grands crimes, & donne moyen à des coupables
d'en obtenir l'impunité, qu'elle empefche mefme fouvent
les inftructions des procés fous divers prétextes, comme de porter au Greffe du Grand Confeil les chofes fer-
vant à conviction, & autres, que la chicanne fçait ima-
giner tous les jours, qu'elle rend les premiers Juges dans
les cas Prevoftaux, plus fubalternes du Grand Confeil,
qu'ils ne le font des Parlements dans les cas ordinaires,
& qu'enfin elle apporte un retardement dans le Jugement des procés en dernier reffort contraire à l'efprit des
Ordonnances, qui veulent que les procés foient jugez
avec diligence, & au bien public, qui demande une prompte punition dans les grands Crimes pour en rendre l'e-
xemple plus profitable. Ce qui eft arrivé dans le procés
du fieur de Berzieux, eft une preuve manifefte de ce qui
vient d'eftre avancé par le fuppliant. Il a efté commencé le
12. Janvier, & mis en eftat d'eftre jugé peu de jours aprés,
& la caffation n'a efté jugée que le 31. Mars. Et quand il

E

plaira à Sa Majesté d'entrer dans l'examen des anciennes Ordonnances, & de cette Declaration de 1678. Sur cet article le suppliant, & avec luy tous les Officiers du Chastelet esperent faire voir à Sa Majesté, que cette Declaration se contredit, & dans ses motifs, & dans sa disposition ; & que cette nouvelle Jurisprudence est contraire au bien de la Justice, & à celuy de son service : Au surplus ces Reglements ont-ils dans cet Arrest une application legitime ? Les Officiers du Chastelet, & le suppliant en particulier, ont-ils donné lieu à des deffenses & à des injonctions par une conduite irreguliere ? leurs usages autorisez par le bien qu'ils ont procuré au public, sont-ils aujourd'huy devenus dangereux ? les nouveautez que cet Arrest veut leur substituer, doivent elles procurer de meilleurs effets ? La prudence du Conseil en jugera; mais il est necessaire que les Officiers ayent une loy certaine, afin qu'ils la puissent suivre, & qu'en faisant leur devoir avec zele & application, ils ne soient pas exposez à voir honteusement casser leurs procedures, & fletrir leur conduite & leur reputation par des Reglemens, comme s'ils avoient commis quelques malversations. A CES CAUSES, requeroit le suppliant qu'il pluft à Sa Majesté ordonner, que sans s'arrester aux Arrests du Grand Conseil des 16. Février, 31. Mars, & 20. Avril dernier qui seront cassez & annullez, le Jugement de Competence du 14. Janvier aussi dernier sera declaré bon & valable, & executé selon sa forme & teneur, le suppliant & son Greffier reintegrez en la possession des Minuttes & Grosses dudit procés qui ont esté portez au Greffe du Grand Conseil, & des autres effets servants à conviction; sur toutes lesquelles procedures il sera procedé par le suppliant au Jugement en dernier ressort dudit procés dudit sieur de Berzieux, de ladite Guion, & dudit Colas, comme prevenus du crime d'alteration & exposition de fausse Monnoye, en la maniere accoustu-mée, & ordonné qu'à l'avenir les Officiers du suppliant seront maintenus & gardez au droit d'arrester ceux qu'ils trouveront prevenus de crimes en la mesme forme en laquelle ledit sieur de Berzieux, ladite Guion, & ledit Colas ont esté arrestez, lesdits Lieutenants maintenus au droit de possession d'informer d'Office des crimes qui viendront à leur connoissance, sans estre obligez d'at-tendre aucune Ordonnance de leur Juge, ni aucun Requi-sitoire, & d'écrire les Informations de leurs mains com-me ils ont tousjours fait, & de temps immemorial, & en la maniere que l'observent les Commissaires du Chastelet, & les Lieutenants & Exempts de la Compagnie du sieur Prevost de l'Isle, & que la forme observée au Chastelet aussi de temps immemorial pour rendre & expe-dier par Extrait les Jugements de Competence dans les procés instruits par ledit sieur Prevost de l'Isle, & par le suppliant, & pour l'expedition des Jugements de Com-petence que fait juger le sieur Lieutenant Criminel de-puis l'Ordonnance du mois d'Aoust 1670. sans y faire aucun Vû des pieces, & conformément aux articles 15. 18. & 19. du titre second de ladite Ordonnance, sera gar-dée à l'avenir comme par le passé, que les Minuttes des Interrogatoires seront seulement signées par le Juge & par l'accusé, suivant l'article 13. du titre des Interrogatoires, & les Recollements & Confrontations seront seulement signez par les accusez, les tesmoins, & par le Juge sui-vant l'article 13. du titre des Recollements & Confron-tations, sans qu'il soit besoin de les faire signer par le Greffier, & qu'il sera permis au suppliant dans les Confrontations de se servir de la formule , (averti de l'Ordonnance,) comme luy & ses prédecesseurs , les sieurs Prevost de l'Isle & les sieurs Lieutenants Criminels & autres Officiers du Chastelet s'en sont servis depuis l'Ordonnance du mois d'Aoust 1670. dans tous les procés par luy instruits, & sur lesquels sont intervenus un grand nombre de Sentences de Condamnation à mort confirmées par des Arrests du Parlement, & par lesquels Arrests par consequent ledit formule a esté approuvé. Et où Sa Majesté feroit difficulté d'ajuger , quant à present lesdites Conclusions, ordonner que le procés par luy instruit contre ledit sieur de Berzieux , sera apporté au Greffe du Conseil , tant en Grosse qu'en Minutte , pour estre ensuite statué ainsi qu'il appartiendra. VEU ladite Requeste signée Bachelier , & Villeneuve son Avocat , ensemble de Audoul , & le Vasseur anciens Avocats, & Pieces justificatives d'icelles. OUY le Rapport du sieur Maboul Conseiller du Roy en tous ses Conseils , Maistre des Requestes ordinaire de son Hostel, qui en a communiqué au Bureau du sieur de la Reynie Conseiller d'Estat ordinaire. Et tout consideré. LE ROY EN SON CONSEIL, avant faire droit sur ladite Requeste , a ordonné & ordonne que toutes les Grosses , ensemble les Minuttes des Charges & Informations & autres procedures du procés instruit audit de Berzieux & autres accusez par ledit Lieutenant Criminel de Robbe-Courte du Chastelet de Paris , portées au Greffe du Grand Conseil, estant en celuy du Lieutenant Criminel dudit Chastelet, en consequence de l'Arrest dudit Grand Conseil du 31. Mars dernier , seront incessamment portées au Greffe du Conseil. A ce faire le Greffier contraint en la maniere ordinaire. FAIT au Con-

seil d'Estat Privé du Roy : Tenu à Versailles le quinziéme jour de Juin mil sept cens cinq. Collationné.
signé DUBUC.

LE *vingtiéme Juin mil sept cens cinq. A la Requeste dudit sieur de Moncel , le present Arrest
a esté signifié , d'iceluy laissé Copie aux fins y contenuës ,
au Greffier Criminel du Chastelet de Paris , &) en son
Bureau scis audit Chastelet , parlant à M*. Gallyot Greffier Criminel du Chastelet , à ce qu'il n'en ignore , & ait
à satisfaire suivant &) conformement audit Arrest. Par
nous Huissier ordinaire du Roy en ses Conseils. Signé
HALLE.*

EXTRAIT DES REGISTRES
du Conseil d'Estat Privé du Roy.

VEU au Conseil d'Estat privé du Roy, l'Arrest rendu en iceluy le quinziéme jour de Juin mil sept cens cinq, sur la Requeste d'HENRY BACHELIER, Escuyer, Seigneur du Moncel, Lieutenant Criminel de Robbe-Courte au Chastelet de Paris, tendante à ce que pour les causes y contenuës, il pleust à Sa Majesté ordonner que sans s'arrester aux Arrests du Grand Conseil des 16. Février, 31. Mars, & 20. Avril derniers qui seront cassez & annullez; le Jugement de Competence du 14. Janvier aussi dernier sera declaré bon & valable, & executé selon sa forme & teneur; & ledit du Moncel, & son Greffier reintegrez en la possession des Minuttes & Grosses dudit procés qui ont esté portées au Greffe du Grand Conseil, & des autres effets servants à conviction du crime en question, sur toutes lesquelles procedures il sera procedé par ledit sieur du Moncel au Jugement en dernier ressort dudit procés du sieur de Berzieux, de ladite Guyon, & dudit Colas : comme prevenus du crime d'alteration & exposition de fausse Monnoye, en la maniere accoustumée, & ordonner que ledit du Moncel & ses Officiers seront maintenus au droit d'arrester ceux qui seront trouvez prevenus des crimes de la mesme forme, en laquelle ledit sieur de Berzieux, ladite Guyon, & ledit Colas ont esté arrestez, lesdits Lieutenants maintenus au droit & possession d'informer d'Office des crimes qui viendront à leurs connoissances, sans estre obligez d'attendre aucune Ordonnance de leur Juge, ni aucun re-

quifitoire, & d'écrire les Informations de leurs mains
comme ils ont tousjours fait & de temps immemorial,
& en la maniere que l'obfervent les Commiffaires du
Chaftelet, & les Lieutenants & Exempts de la Compagnie du fieur Prevoft de l'Ifle, & que la forme obfervée
au Chaftelet de temps immemorial pour rendre & expe-
dier par Extraits les Jugements de Competence dans les
procés inftruits par ledit fieur Prevoft de l'Ifle, & par
ledit du Moncel, & pour l'expedition des Jugements de
Competence que fait juger le fieur Lieutenant Criminel
depuis l'Ordonnance du mois d'Aouft 1670. fans y faire
aucun Vû de pieces, & conformément aux articles 15. 18.
& 19. du titre deuxieme de ladite Ordonnance, fera gar-
dée à l'avenir comme par le paffé, que les Minuttes des
Interrogatoires feront feulement fignées par le Juge &
par l'accufé, fuivant l'article 13. du titre des Interrogatoires, & les Recollements & Confrontations feront feulement fignez par les accufez, les tefmoins, & par le Juge, fuivant l'article 13. du titre des Recollements & Confrontations, fans qu'il foit befoin de les faire figner par
le Greffier, & qu'il fera permis audit fieur du Moncel
dans les Confrontations de fe fervir de la formule (a-
verti de l'Ordonnance) comme luy & fes prédeceffeurs
les fieurs Prevofts de l'Ifle, & les fieurs Lieutenants Criminels & autres Officiers du Chaftelet, s'en font fervis
depuis l'Ordonnance du mois d'Aouft 1670. dans tous les
procés par eux inftruits, & fur lefquels font intervenus
un grand nombre de Sentences de condamnation à mort
confirmées par des Arrefts du Parlement, & par lefquels
Arrefts par confequent lad. formule a efté aprouvée. Et où
Sa Majefté feroit difficulté d'adjuger quand à prefent lef-
dites Conclufions ordonner que le procés inftruit par le-

dit sieur du Moncel contre ledit sieur de Berzieux, sera apporté au Greffe du Conseil, tant en Grosses qu'en Minuttes, pour estre ensuite statué ainsi qu'il appartiendra ; par lequel Arrest Sa Majesté, avant faire droit sur ladite Requeste, a ordonné & ordonne que toutes les Grosses, ensemble les Minuttes des Charges & Informations, & autres procedures du procés instruit audit Berzieux & autres accusez par ledit Lieutenant Criminel de Robbe-Courte du Chastelet de Paris portées au Greffe du Grand Conseil, estant en celuy du Lieutenant Criminel dudit Chastelet en consequence de l'Arrest dudit Grand Conseil du 31. Mars dernier, seront incessamment portées au Greffe du Conseil, à ce faire le Greffier contraint en la maniere ordinaire, au bas duquel Arrest est la Signification qui en a esté faite le 20. Juin 1705. à la Requeste dudit sieur du Moncel, au Greffier du sieur Lieutenant Criminel du Chastelet de Paris. Les Procedures, Grosses & Minuttes des Charges & Informations du procés en question, portées au Greffe du Conseil le 19. jour de Juin 1705. en consequence dudit Arrest. Et tout ce qui a esté remis par ledit sieur du Moncel pardevant le sieur Maboul Conseiller du Roy en ses Conseils, Maistre des Requestes ordinaire de son Hostel, qui en a communiqué au Bureau du sieur de la Reynie Conseiller d'Estat ordinaire, & Commissaire à ce deputé : Ouy son Rapport, & tout consideré. LE ROY EN SON CONSEIL, ayant aucunement égard à la Requeste dudit du Moncel, inserée en l'Arrest du Conseil du 15. Juin 1705. sans s'arrester aux Injonctions, Deffenses & Reglemens, portez par l'Arrest du Grand Conseil du dernier Mars audit an, que Sa Majesté a cassé à cet égard, comme fait sans pouvoir ; a maintenu les Officiers du Chastelet, ledit du

Moncel

Moncel & ſes Lieutenants dans leurs uſages pour les Captures, Informations, Inſtructions, & autres Procedures Criminelles non contraires à l'Ordonnance. Ordonne qu'au ſurplus ledit Arreſt , enſemble celuy du 16. Février audit an , ſeront executez ſelon leur forme & teneur , ſans tirer à conſequence , & que les Groſſes & Minuttes du procés en queſtion portées au Greffe du Conſeil en vertu de l'Arreſt dudit jour 15. Juin dernier ſeront reportées en celuy du Lieutenant Criminel du Chaſtelet de Paris. Fait au Conſeil d'Eſtat Privé du Roy, tenu à Verſailles le dernier Aouſt mil ſept cens cinq. Collationné, ſigné DES VIEUX.

LE quatorze Septembre mil ſept cens cinq. A la Requeſte dudit ſieur de Berzieux &) Conſorts, le preſent Arreſt a eſté par Nous Huiſſier ordinaire du Roy en ſes Conſeils, ſouſſigné , ſignifié, d'iceluy laiſſé Copie aux fins y contenuës à M^{rr}. Claude Robert Conſeiller du Roy & ſon Procureur au Chaſtelet de Paris, en ſon domicile, parlant à ſa perſonne à ce qu'il n'en ignore. Signé, BOIVIN.

EXTRAIT DES REGISTRES
du Conseil d'Estat Privé du Roy.

LOUIS PAR LA GRACE DE DIEU ROY DE France & de Navarre; A tous ceux qui ces presentes Lettres verront, salut : çavoir faisons, comme par Arrest ce jourd'huy donné en nostre Grand Conseil, Vû par iceluy le procés-verbal de Capture de Louise Desbordes, contenant l'Interrogatoire par elle subi pardevant le Lieutenant Criminel de Robbe-Courte au Chastelet de Paris, au sujet de quatre écus neufs de la derniere reforme par elle donnez en payement d'une écharpe de taffetas noir qu'elle avoit acheptée sur le Pont-neuf de la nommée Poulerain. Ensuite est l'Ordonnance dudit Juge, portant que ladite Desbordes sera conduite és Prisons du Petit Chastelet pour y estre escroüée du 12. Janvier 1705. Procés-verbal de Capture fait par Romain Bastard Lieutenant de la Compagnie dudit Lieutenant Criminel de Robbe-Courte & autres Archers de ladite Compagnie, de la personne de nostre bien amé Nicolas Saillet Chevalier Seigneur de Berzieux, Baron d'Annevoux, Premier Capitaine au Regiment de Fimarcon, Chevalier de l'Ordre de Saint Louis, de l'Ordonnance dudit Lieutenant Criminel de Robbe-Courte, portant sa conduite és prisons du Fort-l'Evesque, & contenant l'apposition des scellez dudit Bastard en la Chambre, & sur les effets dudit de Berzieux, la levée & reapposition desdits scellez par ledit Bastard; ensuite pareil procés-verbal de Capture de Sebastien Colas valet dudit de Berzieux, de l'Ordonnance dudit Lieutenant Criminel

de Robbe-Courte, du 12. dudit mois de Janvier 1705.
Conclusions du Substitut de nostre Procureur General
audit Chastelet, aussi ensuite du 13. dudit mois & an,
Ordonnance dudit Lieutenant Criminel de Robbe-Courte, portant qu'il sera informé des faits contenus ausdits
procés-verbaux, que ladite Louise Desbordes, lesdits de
Berzieux & Colas seront arrestez & recommandez ; que
les scellez apposez en la chambre dudit de Berzieux seront levez en la presence dudit Lieutenant Criminel de
Robbe-Courte, & du Substitut de nostre Procureur General ; que description sera faite de ce qui se trouvera sous
lesdits scellez ; & que les choses servant à conviction seront apportées au Greffe dudit Lieutenant Criminel dudit jour 13. Janvier 1705. Procés-verbal de levée & recon-
noissance desdits scellez & levées ; encore ensuite contenant description de ce qui s'est trouvé sous iceux, &
reapposition desdits scellez sur une petite cassette de bois
blanc, Conclusions du Substitut de nostre Procureur General, & Ordonnance dudit Lieutenant Criminel de
Robbe-Courte, portant que le tout sera porté en son
Greffe, & que ledit de Berzieux sera conduit sous bonne & seure garde és Prisons du Grand Chastelet dudit
jour & an ; Information faite en consequence à la Requeste dudit Substitut de nostre Procureur General, à
l'encontre desdits de Berzieux, Colas, & de ladite Desbordes, dudit jour 13. Janvier 1705. Sentence du Chastelet
de Paris, par laquelle il est dit par Jugement dernier,
aprés que lesdits Saillet & Colas, & ladite Desbordes
ont esté ouys en la Chambre du Conseil en presence des
Juges. Qu'attendu qu'ils sont prevenus d'alteration de
Monnoye de la derniere reforme, & d'exposition d'icelle,
leur procés leur sera fait & parfait par Jugement en der-

nier reſſort & ſans appel par ledit Lieutenant Criminel de Robbe-Courte, qui eſt declaré Competent, devant lequel ils ſeront tenus de reſpondre, ſinon que leur pro-cés leur ſera fait comme à des Muets volontaires ; du 14. dudit mois de Janvier audit an, Exploit de ſignifi-cation eſtant enſuite auſdits accuſez deſdits jour & an ; autre Information faite par ledit Baſtard à la Requeſte dudit Subſtitut de noſtre Procureur General à l'encon-tre deſdits accuſez dudit jour 14. Janvier 1705. Interro-gatoire ſuby par ledit de Berzieux devant ledit Lieute-nant Criminel de Robbe-Courte dudit jour 14. Janvier 1705. autre Interrogatoire de ladite Deſbordes devant ledit Juge, deſdits jour & an ; autre Interrogatoire du-dit Colas devant ledit Juge, auſſi deſdits jour & an ; procés-verbal dudit Juge, comme le nommé François Buriau de la Gueriniere, Marchand, a apporté au Gref-fe treize écus qu'il avoit en ſa poſſeſſion, du 16. deſdits mois & an ; Sentence dudit Lieutenant Criminel de Robbe-Courte, par laquelle par Jugement dernier il eſt ordonné que les teſmoins ouys és Informations, ſeront recollez en leurs depoſitions ; & ſi beſoin eſt, confron-tez auſdits accuſez, meſme leſdits accuſez recollez en leurs Interrogatoires, & confrontez les uns aux autres ; & que leſdits Louis d'or & Louis d'argent, & les feüil-les d'argent, fleur de ſouffre, & eau de vitriol qui ont eſté trouvez chez ledit de Berzieux, enſemble les huit écus neufs trouvez en la poſſeſſion de Guyon, celuy trou-vé en la Chambre dudit Colas, & ceux donnez en paye-ment audit Buriau, Marchand, qui ont eſté apportez au Greffe par le procés-verbal du 16. Janvier audit an, ſeront vûs & viſitez par Mathias Racle & René Moriſ-ſe, Eſſayeurs de la Monnoye de Paris, nommez d'Office, lefquels aprés ladite vifite feront entendus en leur depofition, recollez en icelle, & fi befoin eft, confrontez aufdits aecufez, pour ce fait, & le tout communiqué au Subftitut de noftre Procureur General, eftre ordonné ce que de raifon, du 16. Janvier 1705. Procés-verbal de vifite defdits Racle & Moriffe, defdites efpeces dudit jour 16. Janvier 1705. Recollement dudit Juge defdits de Berzieux, Colas, & de ladite Defbordes du 17. defdits mois & an; Confrontation defdits accufez aux tefmoins ouys efdites Informations, & defdits accufez les uns aux autres defdits jour & an; Copie collationnée par le Greffier dudit Juge; & memoire intitulé pour enlever, pour blanchir, pour jaunir, & pour accroiftre; Collation de ladite piece du premier Février 1705. Minuttes apportées au Greffe de noftredit Confeil, defdites pieces, Requefte prefentée à noftredit Confeil par ledit de Berzieux, à ce que la Sentence de Competence contre luy renduë audit Chaftelet de Paris le 14. dudit mois de Janvier, & les autres procedures fur lefquelles elle peut avoir efté renduë, mefme celles qui ont fuivi, foient caffées, revoquées, & annullées. Ce faifant, que ledit de Berzieux foit renvoyé pardevant tel autre Juge que ledit Lieutenant Criminel de Robbe-Courte, pour eftre prononcé fur fon abfolution, reparation, dommages & interefts, fauf l'appel au Parlement de Paris, fans préjudice de prendre telles autres Conclufions qu'il appartiendra, Conclufions de noftre Procureur General, Ordonnance de noftredit Confeil de permiffion d'affigner, Exploit d'Affignation eftant enfuite au Subftitut du Procureur General du mefme jour 26. Janvier 1705. Autre Requefte prefentée à noftredit Confeil par ledit de Berzieux, à ce qu'il foit ordonné que le Greffier dudit Lieutenant Cri-

minel de Robbe - Courte seroit tenu d'apporter ou en-
voyer au Greffe de nostredit Conseil, les Minuttes des
Charges & Informations en question, à quoy faire contraint par corps, du 13. Février 1705. Arrest de nostredit Conseil, par lequel il a esté ordonné que les parties
en viendroient au Jeudy suivant ; & cependant que les
Minuttes desdites Informations seroient apportées au
Greffe de nostredit Conseil, le lendemain ; à ce faire,
le Greffier contraint mesme par corps, & ledit de Berzieux tenu à cet effet suivant ses offres, de faire ses di-
ligences, du 16. desdits mois & an ; Autre Requeste presentée à nostredit Conseil, par ledit Colas à ce qu'il soit
receu partie intervenante en l'Instance de Cassation pen-
dante en nostredit Conseil entre ledit de Berzieux & le
Substitut de nostre Procureur General audit Chastelet
faisant droit sur ladite Intervention, qu'Acte luy soit
donné de ce qu'il se joint & adhere à la demande en
cassation dudit de Berzieux, & aux autres Conclusions
par luy prises ; & à cet effet, que l'Arrest qui interviendra soit en tant que de besoin declaré commun avec
luy, du 10. Septembre desdits mois & an ; Autre Requeste presentée à nostredit Conseil par lesdits de Berzieux
& Colas, à ce qu'en prononçant sur leurs demandes en
cassation, & leur adjugeant à cet égard les fins & conclusions par eux prises, il plaise à nostredit Conseil casser, revoquer, & annuller pareillement les procés-verbaux
de capture, & d'emprisonnement desdits de Berzieux &
Colas, les écroues qui ont esté faits de leurs personnes,
les procés - verbaux d'apposition de scellez sur leurs effets, & de levées desdits scellez, Interrogatoires, Recollements & Confrontations, & autres procedures faites
contr'eux audit Chastelet de Paris, qui ont precédé ou

suivi ladite Sentence de Competence, sauf à eux à se pourvoir dans la suite contre qui, & ainsi qu'ils aviseront bon estre dudit jour 17. Février 1705. Arrest de nostredit Conseil, par lequel il est ordonné que nostredit Conseil verra les Charges, & à cet effet que les Minuttes desdites Charges & Informations, & autres procedures Criminelles apportées du Chastelet de Paris demeureront au Greffe de nostredit Conseil du 5. Mars audit an 1705. signifié le sept desdits mois & an ; Production desdits de Berzieux & Colas, suivant lesdits Arrests ; deux Requestes desdits de Berzieux & Colas employées pour moyens de nullité & de cassation contre ladite sentence de Competence, & autres procedures dudit Chastelet de Paris du sept desdits mois & an ; écroüe de la personne dudit de Berzieux és prisons du Fort-l'Evesque du 12. Janvier 1705. Copie de ladite Sentence de Competence dudit jour 14. Janvier 1705. cy-devant énoncée, signifiée audit Colas lesdits jour & an ; autre copie de ladite Sentence signifiée à ladite Desbordes ledit jour ; liasse des pieces cy-après ; Grosse du Contrat de Mariage de Pierre de Saillet Escuyer, sieur d'Auveroux, de Berzieux, & Catherine du Pressoir, Pere & Mere dudit de Berzieux, du 23. Janvier 1656. Contrat de Constitution de la somme de seize cens quarante-trois livres de principal passé par lesdits de Berzieux au profit des y denommez du sept Juin 1670. Contract d'acquisition faite par lesd. sieur & Dame de Berzieux de la terre d'Auveroux, du 14. Octobre 1683. Transaction passée entre lesd. sieur & Dame de Berzieux & les autres parties y denommées du 17. Novembre 1682. Transport fait par ledit de Berzieux, au profit des y denommez, de la somme y portée, du 22. Mars 1685. Acte sous seing privé

fait entre ledit de Berzieux & autres parties y denommées, du 12. Aoust 1686. Acte de renonciation faite par
ledit de Berzieux à la Communauté entre ses Pere &
mere, du 26. Mars 1692. Acte d'opposition formée au
Greffe desdits decrets du Parlement de Paris à la Saisie
reelle & Criées des biens saisis sur Charles d'Orreux, du 15.
May 1694. Arrest du Parlement de Paris obtenu sur Requeste par ledit de Berzieux contre la Demoiselle Gascon,
du 10. Decembre 1694. Acte devant Notaire passé entre
ledit de Berzieux & autres y denommez, au sujet des
droits de Quint par eux deus au Comte de Dampierre,
du 26. Septembre 1698. Copie de Bail fait par ledit de
Berzieux à François Monet, de la terre de d'Auveroux,
du 18. Janvier 1702. Acte de Produit desdits de Berzieux & Colas, du sept Mars audit an 1705. & tout ce
qui a esté mis par devers nostredit Conseil ; Conclusions
de nostre Procureur General ICELUY NOSTRE-
DIT GRAND CONSEIL faisant droit sur lesdites Requestes, a cassé, revoqué & annullé, casse, re-
voque & annulle ladite Sentence de Competence dudit
jour 14. Janvier 1705. ensemble les procedures faites par
ledit Lieutenant Criminel de Robbe-Courte, & par
ledit Bastard, lesquelles procedures nostredit Conseil a
declaré nulles à l'exception de la plainte & des depositions des premier, second, cinq & sixiéme tesmoins
ouys dans l'Information faite par ledit Lieutenant Criminel de Robbe-Courte, les 13. & 18. dudit mois de Janvier,
sur lesquelles plainte & depositions il sera procedé à l'Instruction du procés desdits accusez, par le Lieutenant
Criminel du Chastelet de Paris, à la charge de l'appel
au Parlement de Paris ; ordonne que les Minuttes desdites procedures cassées & annullées estant au Greffe de
nostredite

noſtredit Conſeil, ſeront miſes dans un ſac à part ; &
envoyées au Greffe dudit Lieutenant Criminel, pour ſervir de Memoire ; & que les effets dont les accuſez ſe
ſont trouvez ſaiſis, & qui ont eſté portez au Greffe dudit Lieutenant Criminel de Robbe-Courte, ſeront remis
en celuy dudit Lieutenant Criminel du Chaſtelet ; &
ayant égard aux Concluſions de noſtre Procureur General, enjoint audit Baſtard conformément à l'article
neuf du titre deux, de l'Ordonnance Criminelle de 1670.
de faire inventaire de toutes les choſes dont les accuſez
ſe trouveront ſaiſis lors de la capture, leur en donner
copie, enſemble du Procés-verbal de capture, & de l'eſ-
croüe, aux termes de l'article ſept du titre deux, fait
deffenſes audit Baſtard d'arreſter ſans decret, ſinon és
cas de l'Ordonnance, & d'informer ſans permiſſion du
Juge ; fait pareillement deffenſes tant audit Lieutenant
Criminel de Robbe-Court, qu'audit Baſtard, & autres
Officiers de ſa qualité, de proceder à la confection des
Informations ſans aſſiſtance du Greffier ordinaire, ou en
cas d'abſence d'autre perſonne de qui le ſerment ſera pris
préalablement ; ce que ledit Lieutenant Criminel de
Robbe-Courte ſera tenu d'obſerver en procedant és interrogatoires des accuſez, Recollemens & Confrontations de teſmoins, & iceux faire ſigner par le Greffier,
lequel ſera tenu de ſa part, & ſous les peines de l'article
12. du titre 16. de ladite Ordonnance, de faire approuver au Juge toutes les ratures, & ſigner les renvois
des Minuttes. Ne pourra ledit Lieutenant Criminel de
Robbe-Courte, lors de la confrontation, & en interpellant l'accuſé, de fournir de reproches, ſe ſervir du ſimple terme, averti de l'Ordonnance : mais ſera tenu conformément à l'article 16. du titre 15. d'exprimer & faire

G

mention que l'accusé a esté interpellé de fournir sur le champ ses reproches contre le tesmoin, si aucuns il a, & avertir qu'il n'y sera plus receu aprés avoir entendu la lecture de la deposition du tesmoin; enjoint à Montbailly Greffier dud. Lieutenan Criminel de Robbe-Courte d'estre plus exact dans les expéditions des Grosses des Charges & Informations, & autres procedures criminelles qui seront apportées au Greffe de nostredit Conseil, & de les rendre en tout conformes aux Minuttes d'icelles, sans aucune addition, à peine de faux, d'amende, & de répondre en son nom des dommages & interests des parties; ordonne que ledit Lieutenant Criminel de Robbe-Courte, sera tenu aux termes de l'article dix-sept du titre premier de ladite Ordonnance de 1670. de porter les Charges & Informations au Présidial, pour faire juger sa Competence, & le Présidial tenu de faire mention dans lesdits Jugements du Vû des Charges, Informations, & procedures extraordinaires, sur lesquelles lesdits Jugements seront rendus; comme aussi, que lesdits Jugemens seront signifiez aux accusez en entier, & non par Extrait, & où il y aura des renvois dans les Minuttes des Sentences Présidiales, ils seront paraphez par tous les Juges qui les auront rendus, sous les peines portées par l'Ordonnance. Ordonne que le present Arrest sera leu & publié en l'Audience Présidiale du Chastelet de Paris, & regîstré és Regîstres d'iceluy, pour estre executé selon sa forme & teneur. Enjoint au Substitut de nostre Procureur General d'y tenir la main, & d'en certifier nostredit Conseil dans quinzaine. SI DONNONS EN MANDEMENT au premier des Hussiers de nostredit Conseil en ce qui est executoire en nostredite Cour & suite, & hors d'icelle, au premier nostred. Huis-

fier, ou autre noftre Huiffier ou Sergent fur ce requis,
qu'à la Requefte defdits de Berzieux & Colas, le prefent
Arreft il mette à deuë & entiere execution de point en
point felon fa forme & teneur, nonobftant oppofirions
ou appellations quelconques, pour lefquelles fans preju-
dice d'icelles ne fera different; & outre faire pour l'entiere execution des prefentes tous Exploits & autres Actes
de Juftice requis & neceffaires. De ce faire te donnons
pouvoir, fans pour ce demander placet ni pareatis. Donné
en noftred. Confeil à Paris, le trente-unième jour de Mars
l'an de grace mil fept cens cinq, & de noftre Regne le
foixante-deuxième. Collationné. Par le Roy à la Rela-
tion des gens de fon Grand Confeil. Signé SOUFFLOT.

L'An mil fept cens cinq, le vingt Avril, fignifié &
baillé Copie à Monfeigneur le Procureur General en
fon Hoftel, parlant à fon Portier. Par moy Huiffier au
Grand Confeil, fouffigné. Signé AUBAUT.

L'An mil fept cens cinq, le vingt-quatrième jour d'A-
vril. A la Requefte de Mᵉ. Nicolas Saillet Chevalier Seigneur de Berzieux, Baron d'Auveroux, Premier
Capitaine du Regiment de Fimarcon, Chevalier de l'Ordre de Saint Louis, & de Sebaftien Colas nommez en
l'Arreft cy-deffus, & des autres parties, qui ont éleu leur
domicile dans la maifon de Mᵉ. Jacques Briffart Procureur
au Grand Confeil, fize ruë Gentifon, Paroiffe Saint Ger-
main de l'Auxerois. Nous Huiffier audit Grand Confeil,
demeurant à Paris ruë Saint Martin, Paroiffe Saint Nicolas des Champs, fouffigné. Avons fignifié, baillé & laiffé
copie du prefent Arreft à Monfieur le Subftitut de Monfeigneur le Procureur General au Chaftelet de Paris, tant

pour luy que pour tous les Officiers du sieur Lieutenant Criminel de Robbe-Courte audit Chastelet en la personne & domicile de Mr. Demont Bailly Greffier dudit Lieutenant Criminel de Robbe-Courte, en parlant à sa Femme en son domicile ruë de la Vannerie, à ce que du contenu audit Arrest ils n'en ignorent, & ayent à y satisfaire sous les peines y portées, dont Acte. Signé

EXTRAIT DES REGISTRES
du Grand Conseil du Roy.

ENtre Jacqueline Dion Fille Majeure, prisonniere és Prisons du Grand Chastelet de Paris, demanderesse suivant la Requeste par elle presentée au Conseil le 20. du present mois d'Avril 1705. à ce que l'Arrest du Conseil intervenant entre le Substitut de Mnosieur le Procureur General au Chastelet de Paris, M^{re}. Nicolas Saillet Escuyer, sieur de Berzieux, Baron d'Auveroux, Chevalier de l'Ordre de Saint Loüis, Premier Capitaine au Regiment de Fimarcon, & Sebastien Colas son valet, le troisiéme Mars dernier, soit declaré commun avec ladite Demanderesse. Ce faisant qu'elle soit renvoyée par devant ledit sieur Lieutenant Criminel du Chastelet de Paris, pour estre fait droit sur son absolution, reparation, dommage & interest, sauf l'appel au Parlement de Paris, & sans préjudice à la Demanderesse de se pourvoir dans la suite contre qui, & ainsi qu'elle avisera bon estre, d'une part. Et le Substitut de Monsieur le Procureur General au Chastelet de Paris, Deffendeur d'autre part, aprés que Brissart pour ladite Dion a conclu en sa Requeste. Et que Benoist a de sa part pour le Procureur General prenant le fait & cause de son Substitut au Chastelet de Paris, a esté oüy. LE CONSEIL a declaré l'Arrest du Conseil du trente-un Mars dernier, commun avec la partie de Brissart. FAIT audit Conseil à Paris, le vingt-trois Avril mil sept cens cinq. Collationné, Signé SOUFFLOT.

G iij

L'An mil sept cens cinq, le vingt-cinquième jour d'Avril, signifié & baillé copie à Monseigneur le Procureur General, parlant à son Portier en son Hostel. Par moy LE COURT.

www.ingramcontent.com/pod-product-compliance
Lightning Source LLC
LaVergne TN
LVHW010210070726
842528LV00014B/869